한국을 빛낸 사람들

참여 작가
김경구, 김영, 김이삭, 김진광, 김춘남

동시로 담아낸 교과서 속 위인

한국을 빛낸 사람들

글. 김 씨네
그림. 박다솜

■ 책을 펴내며

위인들과 동시로 놀아볼까요

"도대체 역사란 무엇에 쓰는 것인지 이야기 좀 해 주세요."라는 어린아이의 소박한 물음에, 아빠로서 역사에 관한 책을 쓴 외국 학자가 있습니다.
'역사적인 인물을 동시로 쓴다?' 참 어렵고 힘든 문제였습니다. 그럼에도 동시로 역사 속 인물들을 불러내었습니다.
왜냐구요? 친구들이 교과서 속 위인을 동시로 재미있게 만난다면, 우리 역사에 조금 더 관심을 가지게 되고, 위인들과 친해질 수 있기 때문입니다.

위인전은 어린이들이 꼭 읽어야 할 책입니다. 우리나라 위인의 이야기를 동시로 읽는 재미는 색다른 맛을 더해줄 것입니다. 이순신은 우리나라 최고의 명장이고, 세계에서 가장 훌륭한 한글을 만든 세종대왕은 우리나라 최고의 왕이며, 성삼문은 조선시대 사육신으로 충신입니다. 세계 비디오아트 창시자 백남준은 모니터를

가지고 놀이를 한 엉뚱한 발상의 장난꾸러기였습니다. 이러한 위인을 동시로 만나서, 나라를 사랑하고 자신의 꿈을 실현하기 위해 노력하는 마음의 씨앗을 가꾸기를 희망해 봅니다.

  위인전은 첫 장에서 뒤로 갈수록 자꾸만 빠지게 됩니다. 이것이 위인전의 매력이 아닐까 싶습니다. 이번에는 더 색다름을 느낄 수 있는 위인 동시집을 준비했습니다. 한 장 한 장 넘길 때마다 재미는 물론 지식까지 쑥쑥 쌓일 것입니다. 짧은 동시로 표현한 위인이지만 우리 친구들 가슴속에 길게 오래 남을 것입니다.
  어때요? 우리 함께 위인을 만나러 동시 여행 떠나 볼까요?

2019년
김 씨네

■ 차례

김 씨네

김경구

김　영

김이삭

김진광

김춘남

김경구	동글동글 안경이 준 선물	14
	아낌없이 주는 의사 선생님	16
	그림 소리들	18
	깊은 마음	20
	행복한 다이어트	22
	나도 껌딱지	24
	목화씨와 꿈씨	26
	시조 시간	28
	사이다 같은 이야기	30
	거인이 될 거 같아	32

김영	인기 명장	36
	공부의 달인 퇴계	38
	백성을 사랑한 왕	40
	우리 반 지식인	42
	미국 댈러스에 간 우리 씨앗들	44
	당당한 댄싱 퀸	46
	남강 촉석루 주인	48
	신통방통 예지력	50
	정의로운 당당어사 출두요~~!	52
	소보루 빵 대신 하얀 도자기 피부	54

김이삭	용맹한 소년	58
	신통방통 한의사	60
	소가 모델이래	62
	장기 자랑	64
	줄줄 친구 줄	66
	골라골라 장보고 마트	68
	동주랑 몽규	70
	뚝뚝뚝 장군	72
	연습벌레 발레리나	74
	소나무 보디가드	76

김진광	명랑해전	80
	백성을 사랑한 임금님	82
	대동여지도	84
	선생님과 우리 엄마	86
	팔방미인	88
	북향집을 지은 까닭?	90
	청동 투구	92
	깨달음을 준 해골바가지	94
	엉뚱쟁이 장난꾸러기	96
	그는 누구인가?	98

김춘남	코레아 우라! (대한 만세)	102
	국민 시인	104
	왕중왕	108
	김 씨 동맹	110
	밤나무골 '엄친아'	112
	으랏차차 횃불 들고	114
	달인과 명인	116
	떠오르는 인물은 누구?	118
	조선 마술 손	120
	아직도 궁금한 조선	122

김경구

동글동글 안경이 준 선물
아낌없이 주는 의사 선생님
그림 소리들
깊은 마음
행복한 다이어트
나도 껍딱지
목화씨와 꿈씨
시조 시간
사이다 같은 이야기
거인이 될 거 같아

동글동글 안경이 준 선물
- 김구

칠판에 글씨가 흐릿흐릿
자꾸만 눈을 찡그려요
안경점에서 쓴 동글동글 안경
잘 보이는 글씨

김구 선생님 닮은 것 같다는
안경점 사장님 말씀에
기분이 좋아졌어요

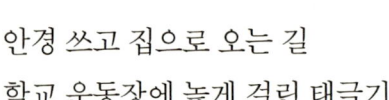

안경 쓰고 집으로 오는 길
학교 운동장에 높게 걸린 태극기

일제의 고문에도
조국과 민족을 위해
모든 것을 바쳤던 선생님 마음을
태극기는 잘 알고 있겠지요

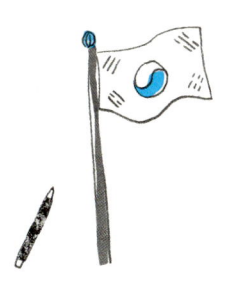

이젠 글씨 잘 보이는 안경도 생겼으니
'백범일지'를 꼼꼼하게 읽고
독후감도 쓸 거예요

김구(1876~1949)

독립운동가. 호는 백범이다. 일제강점기에 나라의 독립과 통일민족국가 건설을 위해 투쟁하고 애국계몽운동을 전개했다. 대한민국 임시정부 조직에 참여하고, 1944년 대한민국 임시정부 주석에 선임되었다. 신민회, 한인애국단 등에서 활동했다.

아낌없이 주는 의사 선생님
- 장기려

요즘 사람들은 하나 가지면
또 하나 갖고 싶대요
예전에 가난하고 병든 이웃에게 하나 주면
또 하나 주고 싶어
더 못 주어 마음 아파하신 선생님

치료비가 모자라는 사람들을 위해
월급봉투도 내어 놓고
먼 바닷가 마을과 산골 마을까지
진료 봉사를 떠났던 선생님

돌아가시기 전까지
환자를 돌보며 옥탑방에서 홀로 지내던
아직도 들려오는
참사랑을 실천하신 선생님의 목소리

"우리 주위 어딘가에 병든 이웃과
가난한 이웃이 있다는 사실을 잊지 마세요"

장기려(1911~1995)

의학자, 사회봉사자. 6·25전쟁 중 발생한 전상자와 극빈환자에 대해 무료치료를 시작으로 인술을 통한 인간 사랑을 실천했다. 1951년에 피난민들을 위해 영도에 복음병원을, 1958년에는 행려병자를 위해 행려병자 진료소를 차려 무료로 진료를 했다.

그림 소리들
- 박수근

우툴두툴 거칠거칠
두터운 박수근 아저씨의 그림

탕탕탕 빨래터 방망이
데굴데굴 구슬
탁탁 딱지치기
쪽쪽 엄마 찌찌 먹기
도르륵 도르륵 맷돌
쌔근쌔근 잠자는 아기

두터움 속에
많은 소리 감추어 놓았나 봐

한참 눈 맞추면
소르륵 소르륵
마음속으로 다 들어오는
참 좋은 소리들

박수근(1914~1965)
한국의 대표적인 서양화가. 서민을 주제로 인간의 착함과 진실함을 많이 그렸다. 주요 작품은 〈농악〉과 〈나무와 여인〉이 있다. 강원도에서 태어나 평범한 서민 생활의 모습을 주제로 삼은 작품이 많다.

깊은 마음
- 계백 장군

충청남도 논산시 부적면 신풍리
수락산 언덕에 계백 장군 묘

기울어져 가는 백제를 구하고자
온몸 바쳐 싸우다
나라와 더불어 죽은 자

하늘나라에서
끊었던 안타까운 가족의 끈
지금은 그리움으로 감싸 안았겠지?

계백(?~660)

백제 말기의 장군이자 정치가. 백제가 신라에 의해 멸망하기 직전 황산벌에서 김유신의 군대에 맞서 싸우다 장렬히 전사한 장군으로 유명하다. 전장에 나아가기에 앞서 아내와 자식을 모두 죽이고, 자신도 나라를 위해 목숨을 버렸다.

행복한 다이어트
- 소파 방정환

이 세상에 처음으로
'어린이' 라는 말을 사용하신 분
우리가 제일 좋아하는
'어린이날' 을 만들어 주신 분
'어린이' 라는 잡지를 처음 만들어 주신 분
두 눈 감고 하늘나라 갈 때도
"어린이들을 잘 부탁하오"

단 한마디 남기신 분
감자꽃 별 가득 핀 하늘나라
우리들 웃음소리 듣고
이번엔 어린이들을 위해
무엇을 만들까?
고민고민 하다
살 다 빠지면 어떡하지?

방정환 (1899~1931)

아동문학 작가. 호는 소파, '어린이날'을 제정했으며, 어린이를 위한 동화 창작과 계몽 활동을 통해 아동 복지와 지위 향상을 위해 노력했다. 잡지 《어린이》를 창간했고, 아동문화운동단체 색동회를 조직했다.

나도 껌딱지
― 윤이상

푸른 바다가 보이는 통영 언덕
부서지는 파도 통통
음표가 되어
내 마음 오선지에 철커덕

그럼 윤이상 아저씨의
가곡과 오페라도
관현악곡과 협주곡도
들려올 것 같아

유럽의 현존 5대 작곡가
현대음악의 거장
늘 아저씨의 이름 뒤에
졸졸 붙어 다니고

음악을 들으면 들을수록
나도 아저씨의 껍딱지가 되어
졸졸 붙어 다니고 싶다

 **윤이상(1917~1995)**

음악가. 〈피아노를 위한 5개의 소품〉과 〈7개의 악기를 위한 음악〉으로 세계 음악계에서 이름을 알렸다. 〈유동의 꿈〉, 〈심청〉 등의 오페라 외에도 다수의 교향곡과 실내악곡을 썼다. 살아있을 때에는 '현존하는 현대음악의 5대 거장'으로 손꼽혔다.

목화씨와 꿈씨
- 문익점

원나라에서 붓두껍에
담아 온 목화씨 세 개

단성 배양마을에
정성껏 심고 돌봐
들판은 온통 눈부신
새하얀 눈밭

목화솜으로 만든 옷
따듯따듯
목화솜으로 만든 이불
포근포근

붓두껍 속의 목화씨
세 개의 꿈처럼

내 꿈씨도 마음에
콕콕 심어야지

문익점(1331~1400)

고려 말의 학자, 문신, 외교관. 중국 원나라에 사신으로 갔다가 목화씨앗을 가져왔다. 목화를 전국에 재배하게 하고, 씨를 빼는 씨아와 실을 뽑는 물레 만드는 법을 알려 겨울에 입을 수 있는 따뜻한 옷을 짜서 입을 수 있도록 하였다.

시조 시간
- 정몽주

시조 배우기 시간
"3 4 3 4 ……"
글자 수를 외우면서 배우는
정몽주의 '단심가'
변하지 않는 충성심 가득

"이 몸이 죽고 죽어 일백 번 고쳐 죽어……"
과거와 현재를 이어주는 시조
곧은 충성심도 이어준다

정몽주 (1337~1392)

고려의 충신. 성리학 등 유학을 널리 알리는 데 힘썼다. 시조와 그림 솜씨가 뛰어났다. 유명한 시조 〈단심가〉가 있다. 고려 말의 문신이자 성리학에 밝은 학자로 지방에 향교를 세워 교육에 힘썼다.

사이다 같은 이야기
- 임꺽정

조선의 3대 도적 중 한 명
보통 사람들에게 희망을 안겨준
많은 사람들이 좋아한 도적
많은 설화로도 소설로도
줄줄줄 이어져 내려오는 이야기들

답답한 속 뻥 뚫어 준다는
사이다 같은 이야기
귀 쫑긋 오므리게 된다

임꺽정(?~1562)
조선 중기의 의적. 백정 출신 도둑으로 일명 임거정 혹은 임거질 정이라고도 한다. 나라가 혼란스럽고 흉년이 들어 백성들이 살기가 어려워지자 황해도와 경기도 일대에서 관아를 습격하고 창고를 털어 빈민에게 나누어 주는 등 의적 활동을 벌였다.

거인이 될 거 같아
- 광개토 대왕

높은 산에 오른 소년, 담덕
요동 벌판을 바라보며
보고 싶어도 더 이상 볼 수 없는
할아버지 생각에
시린 가슴으로 애써 참은 눈물

굳센 마음과 행동으로
아주 가끔은
군사들을 꾀어내는 전술로
나쁜 무리와 적을 물리친 광개토 대왕

동서남북 점점 커져가는 땅
지금도 우뚝 서 있는
광개토 대왕릉비
그 앞에 서면

내 마음 쑥쑥, 용기도 쑥쑥
거인이 된 거 같다

광개토 대왕(374~412)

고구려의 제19대 왕. 정복사업으로 영토와 세력권을 크게 확장시켰으며 이름은 담덕이다. 제18대 고국양왕의 아들로 386년에 태자로 책봉되었다. 391년에 왕으로 즉위하여 대외적인 정복사업을 펼쳐 고구려의 영토와 세력을 크게 확장시켰다.

김영

인기 명장
공부의 달인 퇴계
백성을 사랑한 왕
우리 반 지식인
미국 댈러스에 간 우리 씨앗들
당당한 댄싱 퀸
남강 촉석루 주인
신통방통 예지력
정의로운 당당어사 출두요~~!
소보루 빵 대신 하얀 도자기 피부

인기 명장
- 최영

'황금 보기를 돌같이 하라'
열여섯에 받은 아버지의 유언을 좌우명 삼아
청렴한 문신무장이었던 최영 명장군

장군이 키워낸 이성계에게 목을 내놓고
'탐욕이 있었다면 내 무덤에 풀 한 포기 나지 않을 것이다'
담담한 예언처럼 오랫동안 풀 한 포기 나지 않던 무덤

고려 지존 절개로 국민 인기 한 몸에 받던
일흔세 살 최영 장군 목숨 잃을 때
오백 년 고려 왕실 무너졌네

어린이들까지 흘린 눈물
길가 버려진 시체에 말에서 내려 절하던 백성들
오직 고려충절 진심 알아준 고려 백성들

역사 시간 한꺼번에 내게 쏠리던
'김영 장군' 만들어 준 특별한 이름 장군

 **최영 (1316~1388)**

고려의 장군. 고려왕실보호에 목숨을 바쳤다. 명재상이며 명장군 이었다. 기골이 장대하고 풍채가 늠름했다. 중국의 원나라가 명나라로 바뀔 때에 야심찬 요동정벌을 꾀했으나 실패했다. 자신이 키운 이성계에게 죽임을 당했다.

공부의 달인 퇴계
- 이황

유치원 다닐 여섯 살에 천자문을
초등 5학년 열두 살에 논어를 배우고
청년 스물일곱 살에 향시 장원급제를 한
자나 깨나 공부의 달인 퇴계 이황은

승문원 벼슬과 성리학문을 두루 이룬 선비 학자
암행어사로 단양 풍기군수로 어진 정치 펼치고
성균관 유생들 행복한 스승으로 지내다
고향 안동에 도산서원 세워 제자들 키워내고

임금에게도 바른말로 강직하게 대들다
벼슬을 잃기도 했다지만
지금은 천 원 지폐에 인자한 할아버지로
내가 가장 자주 만나는 위인
내 주머니 지갑 속에도 남아 계시네

 이황(1501~1570)

조선의 선비. 호는 퇴계. 아버지가 일찍 돌아가시고 어머니를 모신 예의 바른 효자였다. 율곡 이이의 스승이기도 하며 성균관에서 선비들을 가르쳤다. 벼슬을 물리치고 안동에 도산 서원을 세워 제자들을 가르치는데 힘을 쏟았다.

백성을 사랑한 왕
- 영조

휘령전 뜰, 쌀 담는 뒤주에 세자 가두고
그토록 애지중지하는
이산 왕세손 눈물 보면서도 용서란 없던
냉정한 영조 할아버지

뒤주에 갇혀 죽은 세자에게
아들의 죽음을 애도하는 '사도' 라는 시호를 내리고
남몰래 울던 영조 아버지

미천한 무수리 출신 어머니 이야기는
글로도 말로도 삼가라 했던 슬픈 출생 이야기
한평생 가슴에 안고

당쟁을 통합하려 탕평책을 펼치고
백성들 고민 들으려 신문고를 설치하고
참혹한 형벌 금지하고

모내기 이앙법에 고구마 키우기에
백성들 배고픔 헤아리며 많은 책도 펴낸
조선의 르네상스 열었던 영조

영조(1694~1776)

조선의 제21대 왕. 농업장려와 막중한 군세를 균역법으로 정리했다. 적게 먹고 물자절약을 하며 왕으로서 충실한 생활을 했다. 친아들인 사도세자를 뒤주에 가둬 죽게 했다. 왕세손 정조를 신임했다. 조선시대 왕 중에서 가장 긴 51년 7개월을 왕으로 지냈다.

우리 반 지식인
- 김부식

태평한 시대를 잘 만나
유학자 정치가 역사가로 맹활약한
유교적 합리주의자
고려 최고의 문장가 김부식

선생님 질문이 끝나기도 전에
번쩍 드는 손 "저요!"
선생님 칭찬에 우쭐대는 잘난 척 잘하고
글도 공부도 으뜸인
우리 반 지식인 김윤성 별명은
삼국사기 김부식

역사를 좋아해 역사퀴즈 왕중왕
세계사도 신화도 백과사전급

수업 시간 꼼꼼하고 정확한 기록으로
결석한 친구들이 즐겨 찾는 윤성이 공책
모둠원 인기도 최고!

 김부식(1075~1151)

고려의 역사가이자 정치가. 이자겸과 묘청의 난을 물리쳤다. 역사를 좋아했으며 박학다식하여 시대가 인정하는 지식인이었다. 허술한 역사서를 바로 잡으려는 의지와 글쓰기에 뛰어나고 관심이 많았다. 『삼국사기』를 완성하였다.

미국 댈러스에 간 우리 씨앗들
- 우장춘

엄마는 일본인
아버지는 역사 죄인
공부를 암만 잘해도 더 이상 인정하지 않는

수박 속의 씨처럼 뱉어내며
함부로 놀리던
일본 속 조선인 우장춘은

6·25 전쟁 후 배고픈 우리 민족 위해
가족들을 일본에 남기고 조국을 찾았대

밤낮으로 씨앗을 연구하고
특별한 꽃 피우는 실험으로
세계인을 놀라게 했대

미국 댈러스 이민 간 이모가

가장 필요로 하는 선물은
조선무, 배추, 고추, 호박, 수박, 참외 씨앗들

이모네 농장에 조선무, 배추가 자라면
한인들 모여 조선무, 배추로 벼락김치 만들어
맛난 밥상 차려 잔치를 하고
수박이 영글고 참외가 노랗게 익어 가면
옛 고향 생각에 젖어 그리움을 먹는다 하시지

우장춘(1898~1959)

작물의 새로운 품종을 개발하는 육종학자. 씨 없는 수박을 만드는 기술로 배추와 양배추를 교배하는 등 다른 종간의 교배에 성공했다. 일본에 의존하던 채소 종자를 우리나라에서 자급할 수 있도록 하여 식량난을 해결하는 데 크게 도움이 되었다.

당당한 댄싱 퀸
- 최승희

나비가 되었다가
꽃잎이 되었다가
살랑이는 물결이 되네

마음 따라 온몸이 펄럭이며
손끝으로 발끝으로
세계인의 시선을 모아들인
한류 스타의 원조

일제강점기 불운한 나라에서
춤 예술로
태풍이 된 멋진 여인
댄싱 퀸 승희 최
아시아의 이사도라

 **최승희(1911~1969)**

무용가. 우리나라 최초로 서구식 현대적 기법의 춤을 창작하고 공연했다. 1929년 서울에 최승희무용연구소를 설립했고, 전통무용을 익혀 자신의 창작무용에 응용했다. 칼춤과 부채춤, 승무 등을 현대화하는 데 성공했으며 세계인들의 주목을 받았다.

남강 촉석루 주인
- 논개

서 있기조차 힘겨운
진주성 촉석루 남강 굽어보며
후들거리는 다리에 나라 위한 결의 담았네

껴안기는커녕
손끝 하나 스치고 싶지 않았을
술 취한 일본군 장수 게야무라 로구스케
열 손가락 마디마디 가락지 벨트 눌러
짙고 푸른 강 남강에 꽃잎처럼 날린

논개(? ~ 1593)

의로운 기생. 진주목의 관기로 임진왜란 중 진주성이 일본군에 함락되었을 때 일본군이 촉석루에서 잔치를 벌였다. 이 잔치에 참석한 논개는 일본군 장수 게야무라 로구스케를 끌어안고 남강에 뛰어들어 함께 죽었다.

사대부 집권 세력이 역사에 기록조차 남기기 꺼린
사회 멸시 받던 관기 주논개
유유히 흐르는 남강 촉석루 주인되었네

신통방통 예지력
- 김수로왕

하늘에서 내려온 붉은 보자기 속 금빛 알에서
맨 처음 태어난 김수로 왕자

백성들에게 사랑받던 금관가야 땅에서
왕위에 오른 지 4년
왕비를 권유해도 먼 바다만 바라보았다네

수로의 왕비는
인도양 건너온 아유타국 공주 어여쁜 허황옥

400만의 인구를 내놓은 김해 김씨의 원조
어찌 알았을까?
삼국 금관가야 시대 김수로왕은
21세기 다문화가정 번성할 줄

동네에서 마주쳐도 놀랍지 않은
인도양 건너온 아유타국의 후손들
인도 엄마, 인도 아빠들

 김수로왕(?~199)

금관가야를 세운 임금. 가락국(금관가야)의 시조이며 김해 김씨의 시조이다. 하늘에서 붉은 보자기에 싸인 금빛 그릇이 내려왔는데, 그 속에 둥근 황금색의 알에서 태어났다고 한다. 도읍을 정하고 국가의 기틀을 마련했다.

정의로운 당당어사 출두요~~!
- 박문수

우리 동네 골목길 24시간 출두하는
CCTV
울 아빠 차 24시간 출두하는
블랙박스

조선 백성 괴롭히는 탐관오리 잘못을 잡은
고집 센 별견어사
인재라면 당쟁을 넘어 채용하고

홍수에는 곡식을 나눠주고
흉년에는 창고를 열어주고
소신대로 문제 해결하는
행정의 달인 찾아가는 복지관리자

입으로 입으로 전해져 암행어사가 된 비밀
암행어서 출두요!! 아닌
정의로운 당당어사

박문수(1691~1756)

조선 후기의 문신이자 정치가. 영조 때 이인좌의 난을 징벌하는 데 공을 세웠다. 탐관오리를 적발하여 정의를 바로 세운 행정가이다. 병조판서를 지내기도 했으며 네 차례의 어사로 파견되어 암행어사 이야기로 유명하다.

소보루 빵 대신 하얀 도자기 피부
- 지석영

어린아이들 생명을 앗아가고
살아남아도 얼굴에 화산폭발 흔적을 남긴
마마님 병, 곰보딱지 별명, 놀림 병

푸~하, 푸~하 세수를 하면서
매끈거리는 하얀 도자기 얼굴을 만질 때마다
소보루 빵 얼굴처럼 얼룩덜룩
생각만 해도 아찔한 악성 전염 피부병

호기심 많던 어린 석영은 서양 학문에 관심이 많았대
예쁘고 멋진 얼굴 간직하고 잘 자라길 바라며
우두법 공부하고 두묘 제조법 실험 성공했대

피부 미인 외할머니
백옥 미인 엄마, 피부 자랑할 수 있게 해 주셨어

 지석영(1316~1388)

의사이며 국어학자. 의학교육을 받지 않았으나 중국에서 번역된 서양의학 책을 즐겨 읽었다. 수신사 김홍집의 수행원으로 일본 도쿄에 가서 종두법을 배워 천연두 예방을 시작하였다. 한글 가로쓰기 보급에도 앞장섰다.

김이삭

용맹한 소년
신통방통 한의사
소가 모델이래
장기 자랑
줄줄 친구 줄
골라골라 장보고 마트
동주랑 몽규
뚝뚝뚝 장군
연습벌레 발레리나
소나무 보디가드

용맹한 소년
- 관창

톡톡톡
봉숭아로 빻은
분 바르고
남산을 닮은 눈썹 그려

적진으로 향했다, 소년

계백 장군 그 용맹
탄복해 살려 보냈다

다
시

적진으로 돌입
목이 베어 말안장에 매달려
신라군 군영으로 왔다, 소년

와와와!
함성이 들렸다
백제군은 대패하였다

관창(645~660)

신라의 화랑. 신라군이 황산벌에서 백제군에게 밀려 전투에서 이기지 못하고 사기만 떨어지자 관창은 사기를 높이기 위해 백제 진영에 홀로 뛰어들어 사로잡혔다. 계백은 소년의 용맹에 탄복하여 살려 보냈으나 다시 적진에 뛰어들었다가 죽임을 당했다.

신통방통 한의사
- 허준

서자라 서러움 받던
준이

선조 임금 피난 길
동행하다
왕세자 난치병 고쳐
임금님 주치의 되었지

양반에게 굽실거리지 않아
교만하다 욕 들어 먹은
준이

갖은 병 고치고

동의보감 펴내
우리 가슴에 남는
귀한 이름 되었지

 허준(1546~1615)

조선 중기의 명의. 『동의보감』을 펴냈다. 20대에 뛰어난 의술로 전국적으로 유명해졌다. 30세에 임금님을 전문으로 치료하는 의사가 되었다. 1592년 임진왜란이 일어나자 왕이 의주까지 피신하는 사태가 벌어졌을 때, 허준은 선조의 건강을 돌보았다.

소가 모델이래
- 이중섭

소가 쇠뜨기를 야금야금
뜯어 먹고 있다

이중섭 아저씨가 보면
쇠뜨기와 소를
화폭 속으로 데려오겠지

와트만지 없는
바닷가에 서 있다면
몽돌에다
야금야금 풀 뜯는 소
매어 놓고
파도 소리도 들려주겠지

 **이중섭(1916~1956)**
서양화가. 우리나라 근대미술을 대표한다. 주요 작품으로는 〈싸우는 소〉, 〈흰소〉, 〈투계〉, 〈아이들과 물고기와 게〉 등이 있다. 임용련에게 미술지도를 받았다. 이후 일본 문화학원에서 미술을 공부했다.

장기 자랑
- 신사임당

율곡 이이는 공부 잘하고
신사임당은 그림 잘 그리고
연개소문은 말 잘 타고

위인들은 모두
잘하는 게 있다

아, 나는
아, 나는 잘하는 게 뭘까?

고민하는데
짝꿍이 말해 주었다

- 넌, 춤 잘 추잖아

 **신사임당(1504~1551)**

조선시대의 여류화가. 율곡 이이의 어머니이다. 생활 속에서 섬세한 여성의 눈으로만 관찰될 수 있는 친근한 소재인 과일, 난초, 물고기나 새, 풀벌레 등을 주로 그렸다. 작품으로는 〈수박과 생쥐〉, 〈가지와 벌〉, 〈초충도〉, 〈산수도〉 등이 있다.

줄줄 친구 줄
- 장영실

뚝딱뚝딱 물건 만들고
고쳐내기를 좋아한 아이

커서는
물시계 해시계
잘 만들어내던 아이

자꾸만 불러내어
나랑 친하게 지내라는
우리 엄마

아직 친해지지도 않았는데
아인슈타인, 스티븐 호킹, 에디슨
또 다른
친구들 줄 서게 한다

 **장영실(1390년경~?)**

조선시대를 대표하는 과학자. 노비로 태어났지만 타고난 재주와 노력으로 수많은 업적을 이룩하고 15세기 조선 최고의 과학자가 됐다. 물시계인 자격루와 비가 온 양을 측정하는 측우기를 만들었다.

골라골라 장보고 마트
- 장보고

"자, 골라잡아요.
싱싱한 대게가 왔어요"

장보고 아저씨
이벤트 여는 시간
마트가 들썩들썩
판매 액수가 쑥쑥

아이쇼핑 왔던
우리 엄마도
장바구니 가득

해상왕 장보고보다
장사 잘하는 아저씨

우리 동네 마트에 오면

역사 공부 생각나고

장도 보고

장보고(?~846)

신라의 장군이자 무역상. 해적으로부터 바다를 지키기 위해 군사 1만 명을 모아 지금의 완도에 청해진을 건설했다. 해적을 소탕해서 남해안의 해상권을 장악했다. 당나라와 신라, 일본을 잇는 해상무역로를 통해 무역활동을 주도했다.

동주랑 몽규
- 광복 70주년에 부쳐

동주야, 몽규야 집에 가자!

……

보낸 메시지
이만 오천오백오십육 일 지났는데도
답장이 없다

 **윤동주(1917~1945)**

독립운동가, 시인, 작가. 중국 연변 용정에서 출생했다. 작품으로는 〈서시〉, 〈병원〉, 〈또 다른 고향〉 등이 있으며, 시집『하늘과 바람과 별과 시』가 있다. 송몽규와는 고종사촌 관계로 평생을 같이 했다.

뚝뚝뚝 장군
- 강감찬

와글와글 개구리 소리
뚝

어훙어훙 호랑이 소리
뚝

치익직직 벼락 소리
뚝

낙성대 가면
다시 알 수 있지

 **강감찬(948~1031)**

고려의 문신이자 장군. 고려 현종 때 거란의 침략을 물리치고 귀주대첩을 승리로 이끌었다. 거란의 침략에 고려가 패배하자 왕을 나주로 피신시켰다. 8년 후 거란이 다시 10만 대군을 이끌고 고려를 침략하자 곳곳에서 거란을 격파해 승리했다.

연습벌레 발레리나
- 강수진 : 서명식

이 녀석, 운동화 몇 켤레째야!
축구하다 온 나에게
엄마 잔소리 날아왔다

엄마, 모르세요?
발레리나 강수진도
하루 4켤레 슈즈 버릴 정도로
연습했대요

기다려 보세요
저도 축구왕
될테니까요

엄마, 아빠 목에
금메달 꼭 걸어 드릴게요

강수진(1967~)

발레리나. 동양인 최초로 독일 슈투트가르트 발레단에 입단하여 솔리스트로 선발된 후 수석 발레리나로 활동하였다. 1999년 무용계의 아카데미상인 '브누아 드 라 당스(Benois de la Danse)'의 최고 여성무용수로 선정되었다.

소나무 보디가드
- 선덕여왕

경주 남산에는
소나무가 두 줄로 나란히 서서
왕릉을 지켜요

- 덕만아, 잘 지내느냐?
- 네, 아바마마 잘 지내옵니다

두 왕의 안부
소나무 향기로 전해지는 아침

선덕여왕은 참 좋겠어요

살았을 때는 낭도가

죽어서는 소나무 경호원이
든든히 지켜 주니까요

선덕여왕(? ~647추정)

신라 최초의 여왕. 이름 김덕만, 선덕은 죽은 후에 공덕을 기리어 내린 이름이다. 진평왕의 딸로 어머니는 마야부인 김씨이다. 삼국 통일의 기반을 다졌다. 천성이 맑고 지혜로웠다. 40세가 넘어 신라 27대 왕이 되었다.

김진광

명량해전
백성을 사랑한 임금님
대동여지도
선생님과 우리 엄마
팔방미인
북향집을 지은 까닭?
청동 투구
깨달음을 준 해골바가지
엉뚱쟁이 장난꾸러기
그는 누구인가?

명량해전
- 이순신

죄 없이 벌을 받고 다시 싸움터에 나갈 적에
"신에게는 아직 12척의 배가 남아 있습니다" 그 말에
우우우, 우는 남해 울돌목 물소리
바다는 알고 있지, 장군의 나라 사랑 백성 사랑을
바다는 기억하지, 싸움에서 언제나 승리한 것을
12척의 배로 333척의 배를 무찌른 명량해전
오늘도 바다에 서면 장군의 말씀이 물결로 밀려온다
"살고자 하면 죽을 것이요, 죽고자 하면 살 것이다"

억울하게 벌을 받고 다시 싸움터에 나갈 적에
"수많은 적군을 어떻게 이기겠느냐?" 그 말하며
우우우, 우는 남해 울돌목 물소리
바다는 기억하지, 거북선 앞세우고 승리한 것을
당포, 옥포, 한산도, 명량, 노량 등 20여 차례 싸움에서
모두 승리한 세계의 명장 중 으뜸인 충무공
오늘도 바다에 서면 장군의 말씀이 파도로 밀려온다

"지금 싸움이 한창 급하니, 내 죽었단 말을 하지 말아라"

이순신(1545~1598)

조선의 장군. 왜구의 침입을 대비하여 만든 거북선으로 임진왜란이 일어나자 옥포 앞바다와 한산도대첩에서 적선을 크게 무찔렀다. 13척의 배로 300여 척의 왜군을 격파한 명량대첩 승리는 세계의 전쟁에서 볼 수 없는 유명한 일이다.

백성을 사랑한 임금님
- 세종대왕

세계에서 가장 훌륭한 한글의 탄생
쉽게 만들어진 것이 아니다 그 뒤에는
성삼문 등 집현전 훌륭한 학자들이 있었다
반대하는 정치인, 학자들도 많았다 그러나
세종의 백성 사랑이 산처럼 더 높았다

물시계와 세계 최초의 측우기 발명
쉽게 만들어진 것이 아니다 그 뒤에는
뛰어난 과학자 장영실이 있었다
장영실이 천민 출신이라 반대했다 그러나
세종의 인재 등용이 바다처럼 더 넓었다

북쪽 땅에 4군 6진을 개척하여 국토를 확장
그것도 쉬운 일이 아니다 그 뒤에는
용감한 최윤덕 장군이 있었다
세종의 나라와 백성 사랑이 백두산처럼 높았다

일본의 계속되는 노략질에 대마도를 정벌
그 뒤에는 세종의 신하 이종무 장군이 있었다
독도 땅을 자기네 땅이라 우기는 일본
우리도 대마도를 우리 땅이라 우겨 볼까?

세종대왕(1397~1450)

조선의 왕. 어린 시절부터 책 읽기를 좋아해서 아버지 태종이 건강을 염려해 책 읽기를 금지할 정도였다. 남달리 학문에 조예가 깊었던 세종은 한글 창제, 천문학 및 농업의 발달 등 가장 눈부신 발전을 이룩했다.

대동여지도
- 김정호

어려서부터 학문을 익히며 지도에 관심을 가지다가
기존의 지도가 사실과 다름을 알고 직접 그리기로 한다
핏줄 같은 산줄기 강줄기를 따라 괴나리봇짐 지고 걷는 발길
짚신이 수도 없이 헤어지고 짓무른 발에 피멍이 들도록
지도를 그리기 위해 전국 방방곡곡을 30여 년 돌아다녔다
1861년 대동여지도 22첩을 완성해 16만 2000분의 1로 줄였고,
남북을 22단으로, 각 단을 6치 6푼의 폭 가로로 나누었다
한 번에 많이 찍어낼 수 있는 목판본 대동여지도를 만들며
항시 많은 사람들이 이용하는 데 있어 편리함을 생각했다
김정호, 그는 모든 삶을 버려도 좋았다
제대로 된 한 장의 우리나라 지도를 위해서라면……

대동여지도에는 김정호 짓무른 발 피멍이 묻어 있다
대동여지도에는 김정호 뜨거운 눈물 자국이 묻어 있다

 김정호(1804~1866)

조선시대의 지리학자. 호는 고산자이다. 조선시대에 가장 많은 지도를 제작하였다. 1861년에 제작한 목판본의 〈대동여지도〉 22첩과 〈청구도〉, 〈동여도〉, 〈동여도지〉, 〈여도비지〉, 〈대동지지〉 등의 지도를 제작한 것으로 알려져 있다.

선생님과 우리 엄마
- 안창호

"나는 밥을 먹어도 대한의 독립을 위해
잠을 자도 대한의 독립을 위해서 일해 왔다. 이것은
내 목숨이 없어질 때까지 변함이 없을 것이다"
직업이 독립운동가라는 도산 안창호 선생의 말씀

"너는 밥을 먹어도 최고의 대학 입학을 위해!
잠을 자도 최고의 대학 입학을 위해! 이것은
원하는 대학에 입학할 때까지는 변함을 없을 것이다"
직업이 내 교육 매니저라 자칭하는 엄마의 말씀

도산 안창호 선생님 말씀 인용한 우리 엄마
저승에서 안창호 선생님 만나면 미안해 어쩌지?

안창호(1878~1938)

독립운동가, 교육자, 정치가. 대한제국과 일제강점기에 만민공동회와 독립협회에서 활동했다. 미국 유학 시절 공립협회를 창설하여 미주 교민들을 대상으로 하는 계몽활동과 민족교육에 몰두했다. 대한인국민회를 이끌며 민족의 단합을 위해 힘썼다.

팔방미인
- 다산 정약용

세자를 책봉한 기념으로 과거 시험이 열렸던 날
정조는 뛰어난 답안지를 하나를 발견하고 웃었는데,
바로 정약용, 천재 왕이 천재 신하를 알아본 셈이지요
돈도 시간도 힘도 많이 드는 화성 궁궐 건설,
정조는 다산에게 화성 설계와 건설을 맡겼지요
서양 과학 기술 책을 보고 도르래의 원리를 이용해

무거운 물건을 쉽게 들어 올릴 거중기를 만들어
나라의 돈도 시간도 힘도 많이 줄였지요
임금이 화성 행차를 할 때, 수십 척의 배를 연결해
배다리를 만들어서 편하고 빨리 갈 수 있게 도왔지요
임금이 죽고 천주교 박해에 휘말려 18년간의 유배지에서도
쉬지 않고 제자들을 가르치고, 수많은 책을 남겼지요

다산은 현실 생활을 이롭게 하는 실학에 힘을 써
조선 후기 실학자 중에 창의력이 으뜸이었지요

정약용(1762~1836)

조선 후기의 실학자. 호는 다산이다. 수령이 지켜야할 지침서인 『목민심서』, 형사사건을 다루는 관리들의 자세에 관한 책 『흠흠신서』, 행정기구, 관제, 토지, 부세 등 제도개선을 적은 『경세유표』 등 지은 책이 500여 권이라 한다.

북향집을 지은 까닭?
- 한용운

사람들이 성북동 산비탈에 작은 집을 지어 주기로 했다
여름에는 시원하고 겨울에는 따뜻한 남향을 얘기하자
"그건 안 되지, 남향으로 하면 조선총독부를 바라보게 될 터이니,
차라리 여름에 덥고 겨울에 춥더라도 북향으로 해야지"
하고
끝내 우겨서 북향으로 '심우장'을 지었다고 한다

"나는 조선 사람이다. 왜놈이 통치하는 호적에
내 이름을 올릴 수 없다"라고 거부했다
일본 이름으로 바꾼 변절한 옛 친구들이
만해의 딱한 사정을 돕고자 심우장에 찾아왔으나
"내가 알던 그 친구는 죽은 지 오래다" 하였다

광복을 일 년 앞둔 어느 날, 누더기 승복 한 벌 입고,
심우장 북향집 차가운 냉돌 위에서 민족의 별 하나 졌다

 **한용운(1879~1944)**

독립운동가이며, 저항적 민족시인. 충청남도 홍성 출생이다. 민족대표 33인 중 불교계의 대표로 3.1 독립선언을 이끈 선생은 일제강점기에 한국 불교계의 분열을 막고자 힘쓴 승려이다. 심우장은 잃어버린 소를 찾는다는 뜻이다.

청동 투구
- 손기정

"아빠, 이건 무사들의 투구 아니야?"
"1936년 베를린 올림픽 마라톤에서 우승한 부상인데,
어렵게 50년 만에 주인에게 돌아와서
서구 유물로는 처음으로 우리나라 보물이 되었지"

일본 국기가 올라가고 일본 국가가 울려 퍼지자
나라 빼앗긴 설움에 시상대에서 고개 숙인 손기정 우승자,
손기정의 가슴에 그려진 일장기를 겁 없이 지운 사람들
동아일보와 중앙, 조선일보 사람들 일본 경찰에 잡혀갔지

"이 투구는 나의 것이 아니라,
민족의 것이다" 말한 손기정 할아버지
국립중앙박물관에 가면 그 목소리가 들려온다

손기정(1912~2002)

마라톤 선수. 일본강점기인 1936년 제11회 베를린 올림픽대회 마라톤에 참가, 올림픽대회에 우승한 한국 최초의 체육인이다. 1986년에는 일제강점기에 받지 못했던 우승 부상 투구를 반환 받아 국가에 기증했다. 보물 제904호로 지정되었다.

깨달음을 준 해골바가지
- 원효

원효는 중국으로 유학을 떠나기 위해
백제를 거쳐 바닷길로 가려고 했다

날이 저물어 어느 토굴에서 자게 되었고
잠결에 목이 말라 바가지에 담긴 물을 달게 마셨다

아침에 깨어보니 토굴이 아닌 오래된 무덤이었고,
마신 물은 해골에 담긴 물이었다는 것을 알고
갑자기 속이 안 좋아서 토하다가 깨달았다
"모든 것이 마음먹기에 달렸구나!" 하고……

해골바가지가 원효대사를 만든 것이다

 원효 (617~686)

삼국시대와 신라의 스님. 성은 설 씨이며, 원효는 법명이다. 고승이자 철학자, 작가, 시인, 정치인이며 설총의 아버지이다. 해골바가지에서 깨달음을 얻은 후, 유학을 포기하고 백성 속으로 들어가 대중교화에 힘써서 사람들을 깨우쳐주었다.

엉뚱쟁이 장난꾸러기
- 백남준

백남준 아저씨는 엉뚱쟁이 장난꾸러기!

우리가 장난감 쌓기와 조립 놀이 하듯
모니터로 로봇을 만들어 보고
모니터로 고층빌딩 탑을 쌓아보고
모니터로 거북이도 만들어 보고
로봇을 닮은 찰리 채플린 영상도 만들어 보고

모니터로 첼로를 만들어 연주도 하고
모니터 칭기즈칸이 자전거를 타고 달리고
모니터 인디언이 오토바이를 타고 달리고
텔레비전 화면에 자석을 매달아 장난도 해보고
멀쩡한 피아노를 막 부숴놓고 예술이라 우기고……

모니터로 쌓기 놀이, 조립 놀이 계속 하다가
세계 비디오 아트 창시자가 된 한국 사람

 백남준(1932~2006)

미술작가, 작곡가, 전위예술가. 한국에서 태어났다. 비디오 아트를 창시한 공로로 금세기 최고의 실험적인 작가 중 한 사람으로 꼽힌다. 대한민국의 문화예술 발전에 기여한 공로로 금관문화훈장 등을 받았으며, 세계의 작가 100인에 이름을 올렸다.

그는 누구인가?
- 성삼문

세조가 어린 단종을 위협하며 왕의 자리를 강요할 때,
성삼문이 국새를 끌어안고 통곡을 하니
세조가 성삼문을 차갑게 노려보았다
창덕궁에서 명나라 사신을 위한 잔치를 열기로 한
세조 2년 6월 1일 단종 복위 거사 일을 정하였다
그날 아침에 갑자기 연희가 미루어졌다
단종 복위 하려던 사람들이 모두 잡혀갔다
사육신이 끌려와 세조 앞에서 심문을 받았다
"너희들이 어찌하여 나를 배반하는가?"
"옛 임금을 복위하려 했을 뿐이오
나라에 군주가 둘이 있을 수 없기 때문이오"
"지난 번 옥새를 가져올 때는 가만히 있다가
이제 와서 나를 배신하는 이유가 무엇인가?"
"때를 기다려 뒤를 기다렸을 뿐이오"
"너는 나의 녹을 먹지 아니하였는가?"
"나으리의 녹을 먹지 아니하였으니,

내 가산을 몰수하여 헤아려 보십시오"
세조는 쇠를 달구어 다리를 뚫고 팔을 자르게 했다
성삼문이 죽은 뒤에 가산을 빼앗아 보니
받은 녹봉을 별도로 한 곳에 쌓아두고
'어느 달의 녹'이라고 기록해 놓았으며
집안에는 남은 것이 아무것도 없었고,
오직 거적자리만 있을 뿐이었다

 성삼문(1418~1456)

조선 초기의 문신. 조선 세조 때 단종의 복귀를 꾀하다 죽은 사육신 중 한 사람이다. 세종이 훈민정음을 만들 때 정인지, 신숙주 등과 함께 이를 도왔고, 명나라를 왕래하며 정확한 음운을 배우고 제도를 연구하는 등 훈민정음 반포에 큰 공헌을 했다.

김춘남

코레아 우라!(대한 만세)
국민 시인
왕중왕
김 씨 동맹
밤나무골 '엄친아'
으랏차차 횃불 들고
달인과 명인
떠오르는 인물은 누구?
조선 마술 손
아직도 궁금한 조선

코레아 우라! (대한 만세)
- 안중근

"나라 없는 백성은
뿌리 없는 나무"

하늘의 길라잡이
북두칠성처럼, 소년 응칠이는
나라 잃은 조선을 위해
뿌리 깊은 나무
'중근重根'이로 이름 바꾸었네

하루라도
조선 독립 생각하지 않으면
입안에 가시가 돋는 듯
애국심으로 살았네

하얼빈에서
이토히로부미 암살하고
여순 감옥에서 사형 당한

서른한 살 청년

평화를 사랑한 안중근
자랑스런 대한국인!

아직도 의사의 시신조차 못 찾았건만
잠 못 이룬 적 없는 우리는
부끄러운 대한국민

안중근(1879~1910)

대한제국의 항일 의병장 겸 정치 사상가. 1909년 10월 26일 하얼빈역에 잠입하여 이토 히로부미를 사살하였다. 일본인 하얼빈 총영사와 궁내대신 비서관, 남만주 철도 이사 등에게 중상을 입혔다. 1910년 3월 26일 뤼순 감옥에서 사형을 당했다.

국민 시인
― 김소월

대한민국 국민이라면

시는 잘 몰라도
"산에는 꽃이 피네
꽃이 피네"
시인 김소월,
이름 정도는 안다

대한민국 국민이라면

시는 잘 안 읽어도
집집마다
소월 시집 한 권쯤
책꽂이에 있다

대한민국 서점이라면

아무리
시집이 잘 안 팔린다 해도
소월 시집이 없는 서점은
거의 없다

동시 쓰는 우리 할아버지는
몇십 년 지난 지금도,
가만히 눈을 감고
리듬을 살리면서
소월 시를 달달 외우신다

서울 남산에도
부산 부암동에도
어디서든 쉽게
만나 볼 수 있는

국민 시인 김소월!

대한민국 아이들아

아이돌 가수 노래도 좋지만
국민 시인 김소월의 시
한두 편 정도는
술술 낭송해 보고 싶지 않니?

 김소월(1902~1934)

시인. 우리나라 사람들이 좋아하는 대표 시인으로, 본명은 정식이다. 1920년에 잡지《창조》에 〈낭인의 봄〉 등을 발표하면서 등단하였다. 이별과 그리움에서 비롯하는 슬픔, 눈물 등을 주제로 하여 많은 시를 창작했다. 시집 『진달래꽃』이 있다.

왕중왕
- 문무왕

역사가 생긴 이래로
왕 중에서
유일하게
2관왕이 된 인물은?

문제가 어렵다고?

미리 주는 힌트
- 미르('용'의 순우리말)

그래도 모르겠다면?
- 살아서는 '역사적 인물'이었고
죽어서는 '전설적 인물'이 됨

자, 마지막 결정적인 힌트!
- 삼국통일!

문무왕(626~681)

삼국을 통일한 신라 제30대 왕. 김춘추(태종무열왕)와 문명왕후(김유신의 둘째 누이) 사이에서 난 맏아들이다. 경주 앞바다에 있는 대왕암은 문무왕이 죽고 그의 유언에 따라 화장하여 모신 해중 왕릉이라 알려져 있다.

김 씨 동맹
- 김유신

우리 옆집
유신이는
내 단짝

김해 금관초등학교 다니다
3학년 때
경주 충효초등으로 전학 왔다

자기소개 할 때
취미는 여행이고
장래 희망은 '남북통일' 이라던
엉뚱한 친구!

아이돌 가수 노래
모르는 곡 없고
먹는 거 좋아해 음식에 관심 많은,

나하고 정말 잘 맞는 유신이

김해 김씨, 유신이와
경주 김가, 인수는
김 씨 동맹을 맺었다

삼국통일 역사 본받아
남북통일 주인공 되자고
서로 약속했다

 **김유신(595~673)**

신라의 장군. 당나라군과 연합하여 백제를 멸망시키고 고구려를 정벌했다. 이후 당나라군을 한반도에서 몰아내며 삼국 통일을 이룩했다. 647년 비담과 염종의 난을 진압하고, 654년 진덕여왕이 자식이 없이 죽자 김춘추를 왕으로 추대했다.

밤나무골 '엄친아'
- 이율곡

'콩 심은 데 콩 나고 팥 심은 데 팥 난다'
'부모를 보면 자식은 안 봐도 알 수 있다'
옳거니!

아들 이율곡은,
어머니 신사임당과
닮은 꼴 붕어빵

밤나무골 율곡은
몸가짐 마음가짐 두루
흠잡을 데 없는
조선 시대 '엄친아'

왜란을 예언하듯
파주에 손수 지은 '화석정'이며
임금께 건의한 '십만양병설'의
위대한 스승

혼란스런 시기에
임금의 귀가 되어준
조선의 큰 선비 대학자!
율곡 이이李珥

"이의 없습니다!"

이이(1537~1584)

조선의 학자. 신사임당의 아들로 조선 중기 이황과 더불어 으뜸가는 학자로 추앙받은 학자이다. 호는 율곡. 13세의 나이로 진사 시험에 합격했다. 23세 되던 해에 도산으로 가서 당시 58세였던 이황을 방문했다.

으랏차차 횃불 들고
- 전봉준

"사람이 곧 하늘!"
"농부는 천하의 근본!"

고부 군수 조병갑
탐관오리 부패정치
순한 농민 뿔났다!

사람답게 살아보자고
상투 풀고
횃불 들고

조선의 래퍼
녹두장군 봉준이
농투사니 농민 위해
기꺼이 앞장서서
온몸으로 외쳤다

"사람이 곧 하늘!"
"농부는 천하의 근본!"

전봉준(1855~1895)

봉건제도를 타파하려 했던 동학의 지도자. 별명은 '녹두장군'. 1890년 동학에 입교하여 1892년 고부지방의 접주로 임명되었다. 사회를 변화시키려던 의지는 일본군에 의해 좌절당했지만 민족해방운동의 원동력이 되었다.

달인과 명인
- 한석봉

명인 뒤에는
달인이 있었다

검은 천으로 눈을
가리고, 앞이 캄캄한 환경에도
자를 대고 썬 듯
똑같은 떡

석봉이 어머니는
떡 썰기 분야 '생활의 달인'

석봉이는
남들 잘 때도
쓰고 또 썼다

또박또박
한 획, 한 획

살아서 꿈틀대는 명필

'성난 사자처럼, 목마른 천리마처럼'
중국에서도 인정한
한석봉 글씨체!

명인 아들 뒤에는
달인 어머니가 있었다

한석봉(1543~1605)

조선의 서예가. 글씨를 잘 써서 국가의 여러 문서와 명나라에 보내는 외교문서를 도맡아 썼으며, 중국에 사절이 갈 때도 서사관으로 파견되었다. 선조의 특별한 사랑을 받았으며, 왕세정과 주지번 등 중국의 유명 서예가로부터도 극찬을 받았다.

떠오르는 인물은 누구?
- 대조영

'발레' 하면 떠오르는 인물은?
- 강수진
못 생겼지만 훌륭한 발!

'빨래' 하면 누구?
- 우리 엄마
이른 아침에도, 잠들기 전에도 돌리는 세탁기

'발해' 하면?
- 대조영
두말하면 잔소리, 나라 세운 대조영!

 **대조영(698~719)**
발해의 시조. 고구려의 후예로 추정된다. 당나라가 고구려를 멸망시키자 말갈 추장 걸사비우와 고구려 유민, 말갈족을 이끌고 당의 지배에서 벗어나 동으로 이동했다. 당 군대가 이를 알아채고 추격해오자 적군을 산악지대로 유인해 크게 격파했다.

조선 시대 마술 손
- 김홍도

위는 하늘이라
신선과 임금을 그렸고,

아래는 땅이니
스물다섯 점 풍속화첩에 담았다

신선을 그릴 때면 절로 신이 나서
구름 타고 파도 타며
신선놀음하고

으랏차차 씨름판 한바탕 구경하고
벼 타작하는 아무개 아버지도 그려주고
서당에서 암기 못 해 쩔쩔매는 삼돌이도
몰래 그렸다

인물, 산수, 꽃, 새, 벌레까지

위, 아래 가리지 않고
두루두루 담아낸
인기 많은 화가였다,
홍도는

 김홍도(1745~?)

조선시대의 화가. 한국적 풍속화로 조선 시대 4대 화가에 꼽힌다. 호는 단원. 어려서 강세황에게 그림을 배웠다. 28세 때는 어용화사로 발탁되어 영조와 왕세자의 초상을 그렸다. 그의 그림은 조선 후기 화단에 큰 영향을 끼쳤다.

아직도 궁금한 조선
- 정조

200년 전 역사 속 인물인데
현재까지도 여전히
이야기의 주인공이다

드라마에
영화와 뮤지컬에
판소리와 소설 속에도
더구나 예능 프로그램에도
나온다

영조 임금의 손자며
사도세자인 아버지 장조와
어머니 혜경궁 홍씨의 아들인
정조는 조선 22대 임금
무슨 업적 덕분에
죽어서도
관심을 받고 있는 걸까?

 정조(1752~1800)

조선 제22대 왕. 영조의 손자이며, 사도세자의 아들로 이름은 산이다. 즉위 후 규장각을 설치하고 신진 학자들을 등용하여 다양한 서적을 간행했다. 정치적으로는 인물 위주로 등용하여 관료제를 통한 왕권 강화를 추구했다.

김씨네 약력

김경구
1998년 충청일보 신춘문예 동화, 2009년 사이버중랑신춘문예 동시가 당선되어 작품 활동을 시작했다. 라디오 구성 작가, 동요 작사가로 활동하며 신문에 글도 연재하고 있다. 지은 책으로는 동화집 『방과후학교 구미호부』, 『와글와글 사과나무 이야기길』, 동시집 『꿀꺽! 바람 삼키기』, 『수염 숭숭, 공주병 우리 쌤』, 『앞니 인사』, 『사과 껍질처럼 길게 길게』, 청소년 시집 『옆에 있어 줘서 고마워』, 『풋풋한 우리들의 시간들』, 시집 『가슴으로 부르는 이름 하나』 외 4권이 있다.

김영
2004년 『심상』 신인상에 당선되고, 2005년 제3회 푸른문학상 '새로운 시인상 대상'을 수상하며 작품 활동을 시작했다. 2015년 5·18 문학상 동화부문에 당선되었다. 첫 동시집 『떡볶이 미사일』이 있으며, 2016 우수출판 콘텐츠 제작지원사업에 선정되어 『바다로 간 우산』 두 번째 동시집을 펴냈다. 김장생 문학상, 한국 안데르센동시 상을 받았다. 동요 「나는 나」, 「노란냄비」, 「옆집아이」 노랫말을 썼다. 현재 서울에서 어른, 청소년. 아이들과 글쓰기와 역사 독서토론 활동을 하고 있다.

김이삭
본관은 김해, 가야국의 시조 김수로왕의 후손이다. 2008년 경남신문 신춘문예 동화당선, 제9회 푸른문학상 수상하여 작품 활동을 시작했다. 지은 책으로는 동화집 『거북선 찾기』 외 2권, 동시집 『우시산국 이바구』, 『감기 마녀』, 『과일 특공대』, 『고양이 통역사』, 『여우비 도둑비』, 『바이킹 식당』, 기획집 『동시와 동화로 배우는 고사성어』 등을 펴냈다. 제13회 우리나라좋은동시문학상, 제9회 서덕출문학상을 수상했다. 현재 울산도서관 '동시로 배우는 위인' 수업을 하고 있으며, 울산 CBS라디오방송 시사팩토리 '우리 동네 도서관' 코너를 진행하고 있다.

김진광

1980년 『소년』과 1986년 『현대시학』에 추천 완료되어 작품 활동을 시작했다. 동시집 『김진광 동시선집』 외, 시집 『시가 쌀이 되는 날』 등을 펴냈다. 초·중등 교과서에 「그네」, 「담쟁이넝쿨」 등이 실렸다. 초·중·고등학교에서 학생들을 가르치다가 삼척여고 교장으로 퇴임하였고, 현재 『시와 소금』 편집위원, 삼척동해신문 논설위원, 한국아동문학인협회 부회장, 한국동요음악협회 자문으로 활동하고 있다.

김춘남

2001년 대구 매일신문 신춘문예 동시 당선되었다. 2004년 부산일보 신춘문예 시 당선되어 작품 활동을 시작했다. 계명대학교 대학원 문예창작학과 졸업하였으며, 동시집 『앗,앗,앗』, 『아직도 피노키오』, 시집 『달의 알리바이』를 펴냈다. 부산아동문학상, 최계락문학상을 받았다. 현재 부산아동문학인협회 부회장으로 활동하고 있다.

그린이 약력

박다솜
일상에서 마주치는 순간들을 기억하고 싶어서 그림을 그립니다. 성균관대학교에서 시각디자인을 전공했으며, 지금은 프리랜서로 일하고 있습니다. 그동안 『나도 할 수 있어』, 『마법의 지팡이』, 『채욱이는 좋겠다』 등의 책에 그림을 그렸습니다.

한국을 빛낸 사람들

지은이 | 김경구, 김영, 김이삭, 김진광, 김춘남
그린이 | 박다솜

발 행 | 2019년 8월 20일

펴낸이 | 신중현
펴낸곳 | 도서출판 학이사
출판등록 | 제25100-2005-28호

대구광역시 달서구 문화회관11안길 22-1(장동)
전화_(053) 554-3431, 3432 팩시밀리_(053) 554-3433
홈페이지_http://www.학이사.kr
이메일_hes3431@naver.com

ⓒ 2019, 김경구, 김영, 김이삭, 김진광, 김춘남
이 책은 저작권법에 따라 보호받는 저작물이므로 무단복제를 금합니다. 이 책 내용의 전부 또는 일부를 이용하려면 반드시 저작권자와 학이사의 서면 동의를 받아야 합니다.

ISBN_979-11-5854-191-0 73810

이 도서의 국립중앙도서관 출판예정도서목록(CIP)은 e-CIP 홈페이지(http://seoji.nl.go.kr)와 (http://www.nl.go.kr/kolisnet)에서 이용하실 수 있습니다.(CIP제어번호: CIP2019031990)